Ruth Gellersen

Mach was mit dem GRÜFFELO

malen + rätseln

basteln + bauen

wissen + entdecken

Ein Aktivitätsheft zum Bilderbuch »**Der Grüffelo**« von Axel Scheffler und Julia Donaldson

BELTZ & Gelberg

Kennst du den Grüffelo?

Die Maus spazierte im Wald umher.
Der Fuchs sah sie kommen und freute sich sehr.
„Hallo, kleine Maus, wohin geht die Reise?
Bei mir im Bau gibt's Götterspeise."
„Schrecklich nett von dir, Fuchs, doch ich sag leider nein,
ich muss schon zu Mittag beim Grüffelo sein."
„Beim Grüffelo? Sag, was ist das für ein Tier?"
„Den kennst du nicht? Dann beschreib ich ihn dir:

Er hat schreckliche Hauer

und schreckliche Klauen

und schreckliche Zähne, um Tiere zu kauen.

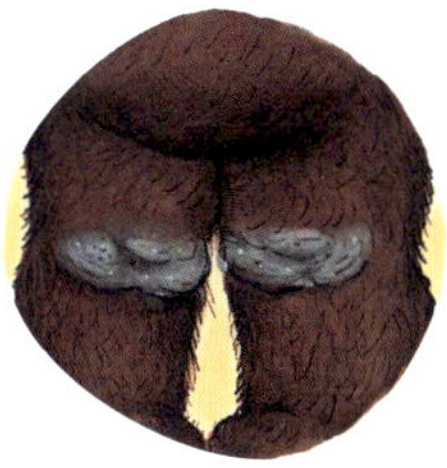

Er hat knotige Knie,

eine grässliche Tatze

und vorn im Gesicht eine giftige Warze.

Er hat feurige Augen,

eine Zunge sooo lang

und Stacheln am Rücken, da wird’s einem bang.“

Komm in mein Nest!

„Hallo, kleine Maus! Komm mit in mein Nest,
wir feiern ein Schlangen-Mäuse-Fest."

Wie es zuhause bei der Schlange wohl aussieht?
Male ihr ein Nest!

Unterwegs im Grüffelo-Wald

Immer zwei Bilder passen zusammen – verbinde sie.

Male noch mehr Bildpaare dazu!

Ab in den Wald!

Hier wird es niemals langweilig ...

Werde Waldforscher! Ob hoch in den Bäumen oder tief im Dickicht: Überall kannst du Tiere beobachten. Schleiche auf leisen Sohlen und hab Geduld – so spürst du die verschiedensten Waldbewohner auf.

Hast du ein interessantes Krabbeltier entdeckt, lotse es mit Hilfe eines Blattes in das leere Marmeladenglas. Deckel drauf und schon hast du eine prima **Beobachtungsstation.** Später lässt du das Tier unbeschadet wieder frei.

Halte auch mal eine Lupe dicht an den Waldboden oder spähe durch ein Fernglas – was entdeckst du?

Bleib in Bewegung!

- Balanciere über Baumstämme, die auf dem Boden liegen.
- Leg einen Sprint über den Waldweg ein.
- Spring über Hindernisse, zum Beispiel einen Baumstumpf oder einen schmalen Bachlauf.
- Spielt Fangen oder Verstecken – im Wald bringt das besonders viel Spaß!

Nützliches für den Tag im Wald:

- Beutel für Fundstücke
- Lupe
- Fernglas
- Leeres Marmeladen-glas plus Deckel mit Luftlöchern
- Fotoapparat

Pflanzensafari: Jedes Kind bekommt einen Fotoapparat und knipst Pflanzen, Moose und Pilze im Wald. Hinterher wird der Fotoschatz gesichtet.

Wald-Mikado
Sammelt Zweige und legt sie wild durcheinander auf einen Haufen. Jetzt werden die Riesen-Mikadostäbe gezogen. Wer schafft das ohne Knistern und Knacken?

Was ist ein Wald?

So viel ist klar: Ein Wald besteht aus vielen Bäumen. Dazu kommen noch Sträucher, Kräuter, Pilze, Farne und Moose. Alles wächst im Wald dicht beieinander. Natürlich gehören auch die Tiere zum Wald, zum Beispiel Dachse, Frösche, Blindschleichen, Käfer und Spinnen.

In vielen Teilen der Erde gibt es Wälder. Die Wälder sehen ganz unterschiedlich aus. Welche Bäume darin wachsen, hängt auch davon ab, wie warm oder kalt es ist, ob viel Regen fällt oder die Pflanzen längere Zeit ohne Wasser auskommen müssen.

Bei uns gibt es **Laubwälder**, **Nadelwälder** und **Mischwälder.** In einem Laubwald wachsen sehr viele Bäume, die im Herbst ihre Blätter abwerfen. Ein Nadelwald besteht vor allem aus Nadelbäumen wie Tannen und Kiefern. In Mischwäldern gibt es sowohl Laubbäume als auch Nadelbäume.

Kennst du diese Laubbäume und ihre Blätter? Jedes Blatt sieht einzigartig aus.

Manche Wälder oder einzelne Bäume sind uralt. Sie wachsen seit vielen hundert oder sogar tausend Jahren.
Der Querschnitt eines Baumes zeigt die **Jahresringe**. An ihnen kann man ablesen, wie alt der Baum ist. Der Kern in der Mitte ist am ältesten. Außen herum wächst das Holz in Ringen nach.

Achtung, Eule im Anflug!

Findest du diese Tiere und Pflanzen im Bild wieder?

Schuhu!

Suche die sieben Unterschiede zwischen den Bildern.

Stau das Wasser!

Los geht's!

Kennst du einen Wald oder einen Park mit einem kleinen Bach? Glückwunsch! Dort kannst du nämlich einen Staudamm bauen!

- Errichte den Staudamm da, wo der Bach schmal und flach ist und keine steilen Ufer hat. Sammle Äste, Zweige und unterschiedlich große Steine.
- Bau im Wasser eine Mauer aus Ästen und Steinen. Stopfe die Lücken in der Mauer mit Zweigen, Laub, Erde und Kieselsteinen aus.

- Jetzt geht es schnell: Das heranfließende Wasser staut sich vor dem Damm. Du kannst zugucken, wie sich ein See bildet. Reicht der Platz für das Wasser nicht aus, tritt es über die Ufer.

Für einen Staudamm brauchst du:

- Einen schmalen, flachen Bach
- Dicke Äste
- Kurze, dünne Zweige
- Laub und Erde
- Steine und Kies

Wichtig:
Hast du genug am Staudamm gespielt? Dann bau ihn wieder ab, bevor du nach Hause gehst.

Jäger in der Nacht

Kurz nach Sonnenuntergang gleitet ein Schatten durch die Luft. Jetzt ist für die Eule die Zeit zum Jagen gekommen!

Fast alle Eulenarten schlafen tagsüber und gehen nachts auf die Jagd. Mit ihren großen Augen sehen sie im Dunkeln sehr gut. Eulen haben ein weiches Gefieder. Dadurch fliegen sie geräuschlos und können sich unbemerkt an ihre Beute anpirschen.

Gestatten: Eule

Eulen sind gut zu erkennen: Ihr runder Kopf mit dem kräftigen, gebogenen Schnabel sitzt auf einem gedrungenen Körper. Die Augen bewegen sich zwar nicht, aber dafür können Eulen den Kopf fast rundherum drehen.

Der **Uhu** ist die größte Eulenart. Er kann eine Länge von 70 cm erreichen. Die Weibchen sind größer als die Männchen. Uhus haben lange, auffällige Federohren.

Der **Elfenkauz** ist mit 14 cm Körperlänge die kleinste Eulenart. Diese putzige Eule ist nur etwa so groß wie ein Spatz! Sie kommt in einigen Teilen Amerikas vor.

Je nach Körpergröße ernähren sich Eulen von Mäusen, Insekten, Fröschen, Regenwürmern und Schlangen, Schnecken und Fledermäusen.
Manche Eulenarten, wie der Uhu, fressen auch Aas, also tote Tiere.

O Schreck, o Graus!

„O Schreck, o Graus, ich fürcht mich so, es gibt ihn doch, den Grüffelo!"

Kannst du auch ein Wesen erfinden, vor dem sich die Maus so richtig erschreckt?

Wer hat Angst?
Und wer macht Angst?

Schau dir die Tiere genau an: Einmal **hat** jedes Tier Angst.
Und einmal **macht** es jemandem Angst.
Kreise alle, die sich fürchten, blau ein. Male einen roten Kreis um diejenigen, die anderen Angst einjagen.

Schreck, lass nach!

Plötzlich ist es da, das mulmige Gefühl im Bauch. Ob es nun am Krokodil unterm Bett liegt, am ersten Tag im neuen Sportverein oder am bellenden Nachbarshund – jeder hat mal Angst. Ein paar Tricks helfen, mit Ängsten besser klarzukommen.

Kumpel, komm mit!
Manche Ängste schrumpfen auf Zwerggröße, wenn du einen oder gleich mehrere Freunde bei dir hast. Schaut euch das, was dich ängstigt, gemeinsam aus der Nähe an.

Mund auf!
Sprich über deine Angst – das hilft! Zum Beispiel mit Mama, Papa, Großeltern, Geschwistern oder Freunden.

Schnuffeltuch, Teddybär oder Lieblingspuppe: Treue Kuschelbegleiter sind Gold wert! Du schmiegst dich an sie, schnupperst ihren vertrauten Duft und fühlst die weiche Berührung. Das beruhigt!

Manchmal ist ein Rückzugsort genau das Richtige gegen die Angst. Bau dir eine Höhle, in der du dich eine Weile verkriechst.

Was fällt dir noch als Erste-Hilfe gegen Angst ein?

Das Schisser-Spiel

So geht's: Breitet ein Tuch auf dem Boden aus. Daneben kommt ein Haufen mit Tierfiguren. Ein Spieler beginnt: „Ich hab Schiss vor Regenwürmern." Daraufhin legt ein anderes Kind einen Vogel auf das Tuch und sagt: „Der Vogel futtert den Regenwurm auf."

Jetzt ist der Nächste dran: „Ich hab Angst, wenn Oma meckert." Die Antwort könnte sein: „Der Löwe brüllt so laut, dass Oma nicht zu hören ist." Denkt euch zusammen witzige Sachen aus, wie die Tiere helfen können!

Für das Schisser-Spiel brauchst du:

- **Viele kleine Tierfiguren, z. B. aus Kunststoff, Holz oder Plüsch**
- **Ein Tuch**
- **Mitspieler**

Furcht, Bammel, Schiss

Angst hat viele Namen. Sie ist ein menschliches Grundgefühl, ebenso wie Liebe oder Freude. Zu allen Zeiten haben Menschen Angst verspürt, überall auf der Welt.

Ohne Angst würden wir nicht überleben. Sie warnt uns vor Gefahren. Zum Beispiel vor lebensbedrohlichen Höhen oder gefährlichen Tieren.
Oft verändert sich in deinem Körper etwas, wenn du Angst hast: Das Herz klopft, der Atem geht schneller. Ist die Gefahr überstanden oder gemeistert, fühlen wir uns häufig froh und erleichtert.

Die Angst warnt dich vor einer Gefahr. Jetzt musst du entscheiden: Hilft es, vor der Bedrohung wegzulaufen? Oder bleibst du besser ganz ruhig stehen?

Viele Menschen empfinden oft Angst. Doch häufig ist die Gefahr gar nicht so groß, wie es zuerst scheint. Dann hilft am besten: Nachdenken, die Angst genau angucken und mit anderen darüber reden. Finde heraus, ob es wirklich einen Grund gibt, Angst zu haben.

Wer kommt denn da ...?

Auf wen treffen Maus und Grüffelo auf dem Weg durch den Wald als Erstes?

Wer steckt wo?

Schau dir das Bild genau an und decke es dann mit einem Blatt Papier zu. Erst danach liest du unten weiter.

Beantworte jetzt die Fragen:

- Wer sitzt auf dem Baum?
- Welches Tier fliegt durch die Luft?
- Wie viele große Steine liegen herum?

Mach mit deinen Freunden weiter! Denkt euch neue Fragen aus!

Gut gebrüllt, Löwe!

Fauchen wie eine Raubkatze, kriechen wie eine Schlange, hüpfen wie ein Känguru, bellen wie ein Hund ... Wie gut kannst du Tiere nachahmen?

Zuerst ohne einen Mucks: Such dir ein Tier aus und überlege, wie es sich bewegt. Dann ahmst du es nach – ohne dabei die Stimme einzusetzen. Erraten deine Mitspieler, welches Tier vor ihnen herumhoppelt, hüpft oder krabbelt?

So bastelst du Tiermasken:

- Schneide einen breiten Streifen Tonpapier ab, der genau vor dein Gesicht passt.
- Stanze an den äußeren Enden jeweils ein Loch ins Papier.
- Befestige an den Öffnungen Wäschegummi zum Aufsetzen der Maske.
- Schneide mit der Nagelschere Öffnungen für Augen, Nase, Mund in die Maske. Lass dir dabei von einem Erwachsenen helfen.
- Je nachdem, welches Tier du dir ausgesucht hast, bemalst du die Maske und beklebst sie mit einer Mähne, mit Fell oder extra ausgeschnittenen Ohren.

Für die Tiermasken brauchst du:

- **Weißes Tonpapier**
- **Eine Papierschere**
- **Eine Nagelschere**
- **Einen Locher**
- **Dünnes Wäschegummi**
- **Stifte**
- **Wolle, Filz, Stoffreste**
- **Klebstoff**

Jetzt wird's laut!
Diesmal machst du das Tier nur mit der Stimme nach: quaken, zwitschern, keckern, fiepen, summen ... Die anderen Spieler müssen ihren Ohren trauen und genau hinhören: Welches Tier macht gerade Krach?

Aufgespürt!

Vom Nest hoch oben in den Baumwipfeln bis zur Höhle unter der Erde – der Wald bietet vielen Tieren Unterschlupf. Um ihre Behausungen und Spuren zu erkennen, musst du kein Meisterdetektiv sein ...

Rasant klopfen sie gegen das Holz – und bekommen keine Kopfschmerzen! **Spechte** hacken mit ihren starken Schnäbeln Insekten aus der Baumrinde. Auch die Bruthöhlen entstehen durch fleißiges Hämmern, das schon von Weitem zu hören ist.

Mitten im Wald erhebt sich ein Hügel. Bei näherem Hinsehen erkennst du: Der Hügel lebt! Ein **Ameisenhügel** besteht aus kleinen Pflanzen-, Erd- und Holzteilen und wird von unzähligen Ameisen bewohnt. Die sind immerzu beschäftigt: Sie erweitern den Bau, bessern ihn aus, verteidigen sich gegen Feinde, kümmern sich um Nachwuchs und Nahrung.

Viele Tiere hinterlassen Federn, halbverdaute Nahrungsreste, Kot oder Eierschalen. Manche tauchen sogar leibhaftig vor deiner Nase auf. Andere Tierarten tummeln sich lieber nachts im Wald, wenn alle anderen schlafen. Der **Luchs** ist ein Meister im Verstecken. Er bewegt sich nachts oder in der Dämmerung fast lautlos im Wald und meidet Begegnungen mit Menschen.

Spuren lesen: In trockener Erde oder feuchtem Matsch kannst du **Fährten** entdecken, also Hufspuren und Pfotenabdrücke, wie hier von einem Hirsch.

Nur Mut!

Was stellst du dir vor: Welches Tier entdecken der Grüffelo und die Maus im nächsten Moment?
Und: Wer sieht hier eigentlich mutiger aus – die Maus oder der Grüffelo?

Welches Puzzleteil passt ins Bild?

Rette sich, wer kann!

Den Grüffelo verlässt der Mut. Hals über Kopf rennt er nach Hause, in seine Höhle. Wie sieht es da wohl aus?

Mut tut gut!

Du holst allein beim Bäcker Brötchen. Du verteidigst deinen Freund. Du gehst das erste Mal zum Fußballtraining. Besonders neue Dinge erfordern manchmal Mut. Dann springst du über deinen Schatten und traust dich etwas, was du noch nie gewagt hast.

Die Körperhaltung macht was aus! Probier es selbst: Wann fühlst du dich eher mutig?

- Du stellst dich mit krummem Rücken und hängenden Armen hin, leicht nach vorn gebeugt.
- Du stehst mit beiden Füßen fest am Boden, machst den Rücken gerade und stemmst die Arme in die Seiten.

Sich ein Herz fassen, einen klaren Kopf bekommen: Wie geht's besser?

- Du hechelst flach.
- Du atmest ruhig und tief ein und aus.

Locker sein, aufmerksam bleiben: Wie klappt das am Besten?

- Du hockst zusammengekauert in einer Ecke, Arme und Beine fest an den Körper gepresst.
- Du springst ein paar Mal auf und ab, wippst mit den Füßen, schüttelst Arme und Beine aus.

Fallen dir noch mehr Körperübungen für mehr Mut ein?

Für die Mut-Übungen brauchst du:

- Bequeme Kleidung
- Auch praktisch: Ein Spiegel, in dem du dich selbst beobachtest

Mutige Helfer

Ein Fahrradunfall? Die Katze kommt vom Baum nicht runter? Den Weg verloren? Gut, wenn jemand mutig zur Stelle ist, der helfen kann! Für manche Menschen ist Retten sogar ein Beruf.

Die Feuerwehr hat viele Aufgaben. Sie löscht Brände, rettet Menschen und Tiere in Not und hilft bei Unfällen oder Überschwemmungen. Auch Kinder können in besonderen Gruppen bei der Freiwilligen Feuerwehr mitmachen.

Ein einsamer Schwimmer hilflos in meterhohen Wellen? Ein Schiff in Seenot? Da kommen **Rettungsschwimmer** und die **Seenotrettung** zum Einsatz. Sie holen Mann und Maus aus Meeren, Flüssen und Seen.

Die Retter von der **Bergwacht** kennen sich im Gebirge gut aus. Oft retten sie Menschen, die von Schneelawinen verschüttet wurden, die verletzt sind oder im schlechten Wetter den Weg verloren haben.

Einige Menschen kämpfen mutig für den **Umweltschutz**. Sie machen auf Gefahren für seltene Tiere oder einzigartige Naturgebiete aufmerksam. Manche Naturschützer besetzen sogar große, alte Bäume, um sie vor dem Fällen zu bewahren.

Grüffelos Lieblingsschmaus

„Mein Lieblingsschmaus
ist Butterbrot mit kleiner Maus!“

Und was servierst du dem Grüffelo …?
Male ihm einen leckeren
Monster-Snack!

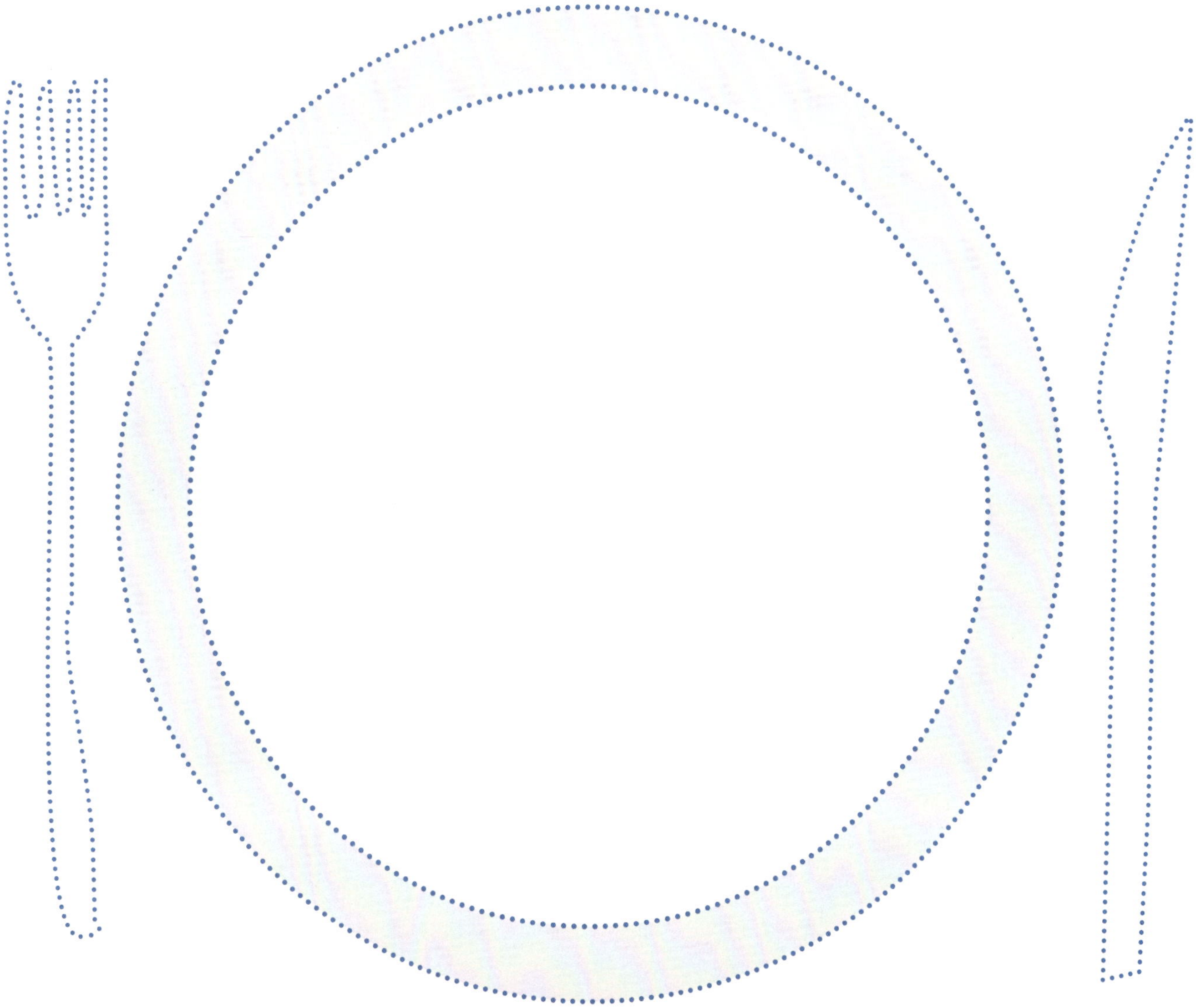

Dein Lieblingsschmaus

Wie sieht dein Lieblingsessen aus?

Ist es eine Pizza mit Salami? Eine knackige Walnuss? Wurzelrohkost? Oder ein dampfender Teller Spaghetti mit Tomatensoße?

Heute gibt's Grüffelogrütze!

Nicht nur was für hungrige Mäuse: Rote Grütze. Mit Schlagsahne oder Milch ist Rote Grütze ein erfrischender Snack im Sommer. Und wenn's draußen friert, gibt's warme Vanillesoße dazu.

Lass dir am Herd von einem Erwachsenen helfen!

Für 3 Portionen brauchst du:

- 50 g Brombeeren
- 50 g Himbeeren
- 50 g Erdbeeren
- 100 g Johannisbeeren
- 100 g Sauerkirschen
- Geht auch: gemischte Beeren aus der Tiefkühltruhe
- 40 g Zucker
- 1 Päckchen Vanillezucker
- 30 g Speisestärke
- Ein wenig Wasser
- Zum Verfeinern: Sahne oder Vanillesoße

- Wasche die Früchte und tupfe sie trocken. Entsteine die Kirschen. Tiefkühlobst lässt du auftauen.
- Koche die Früchte mit etwas Wasser und dem Zucker auf. Lass das Obst anschließend etwa zehn Minuten lang köcheln.
- Rühre die Speisestärke mit wenig Wasser in einer Tasse an und füge sie den Früchten hinzu. Noch mal alles zwei bis drei Minuten lang köcheln lassen. Dann vom Herd nehmen.
- Ist die Grütze etwas abgekühlt, füllst du sie in Schälchen. Stelle sie in den Kühlschrank oder auf den Balkon. Bereite Sahne oder Vanillesoße zu. Und dann: **Ran an den Schmaus!**

Muntere Mitbewohner

Klein und clever: Im Gefolge des Menschen eroberte die Hausmaus bereits vor vielen tausend Jahren die Erde. Sie hält sich meist in der Nähe der Zweibeiner auf – da ist es warm und es gibt genug zu essen. Feldmäuse bevorzugen dagegen Äcker, Felder und Wiesen.

Das Fell der kleinen Nagetiere ist je nach Art in hellen oder dunklen Braun- oder Grautönen gefärbt. Weiße Mäuse stammen ursprünglich von der Hausmaus ab.

Wildlebende Mäusearten ernähren sich von Früchten sowie von Pflanzenteilen wie Wurzeln, Samen und Stängel. Manche mögen auch Insekten. **Hausmäuse** dagegen futtern alles, was der menschliche Haushalt bietet. Gerne darf es Kuchen sein oder auch altes Brot.

Viele Menschen gruseln sich vor Mäusen. Das liegt oft an dem langen, kaum behaarten Schwanz und daran, dass sie blitzschnell umherwuseln.

In der Schlangenspirale

Wo steckt diese Schlange:
Links von ihr ist der Käfer, rechts die Maus. Findest du sie?

Spiel mit deinen Freunden weiter!

Zu Hilfe!

Welcher Weg führt den Fuchs zu seinem sicheren Unterschlupf?

Hier kommt der Grüffelo!

Willst du auch mal in die Haut des Grüffelos schlüpfen? Kein Problem! So bastelst du dir ein tolles Grüffelo-Kostüm:

- Schneide ein Loch in die Mitte des Lakens, durch das du deinen Kopf stecken kannst.

- Male mit den Malfarben dichtes Grüffelo-Fell, knotige Knie und Stacheln auf das Laken.

- Zeichne je zwei große Klauen und Tatzen auf Tonkarton. Schneide sie aus und male sie mit den Wachsmalstiften an.

Für das Grüffelo-Kostüm brauchst du:

- Die Hälfte eines alten, hellen Lakens
- Eine Schere
- Malfarben, Pinsel und Wasser
- Tonkarton
- Wachsmalstifte
- Einen Locher
- Breites Wäschegummi

- Stanze in die Klauen und Tatzen jeweils zwei Löcher. Befestige je ein kurzes Stück Wäschegummi an den Öffnungen. Streife Tatzen und Klauen über Hände und Füße.

Du kannst das Grüffelo-Kostüm noch erweitern. Zum Beispiel mit Hörnern aus Toilettenpapierrollen. Oder du bastelst eine Grüffelo-Maske, wie auf Seite 25 beschrieben.

Lang und schlank

In der ganzen Welt zu Hause: Schlangen leben fast überall auf dem Erdball. Mehrmals im Jahr wechseln sie ihre „Kleidung", indem sie sich häuten. Dabei kommt unter der abgestreiften, alten Haut eine neue zum Vorschein.

Keine Schlange lebt weiter nördlich als die **Kreuzotter**. Diese Giftschlange ernährt sich vor allem von Fröschen, Mäusen und Eidechsen. Kreuzottern sind bei uns sehr selten, deshalb stehen sie unter Naturschutz.

Viele Schlangenarten töten ihre Beute mit Gift. Es gibt aber auch bis zu neun Meter lange Riesenschlangen, die ihre Opfer erdrosseln. Praktisch dabei: Schlangen können ihre Kiefer weit öffnen. So verschlingen sie ihre Beute am Stück.

Im roten Pelz

Her mit den Mäusen!
Um satt zu werden, müsste ein Fuchs rund zwanzig Feldmäuse am Tag verspeisen. Füchse sind jedoch nicht wählerisch, was ihren Speiseplan betrifft: Sie fressen auch andere Säugetiere, Aas, Abfälle, Obst, Frösche und Fische.

Nach einer Tragzeit von fast zwei Monaten bringt die Fuchsmutter vier bis sechs Junge zur Welt. Erst nach zwei Wochen öffnen die Fuchswelpen ihre Augen. Nach etwa einem Monat schauen sie sich das erste Mal die Welt außerhalb ihres Baus an.

Rotfüchse fühlen sich an vielen Orten heimisch: in Wäldern, auf Feldern und Wiesen – und zunehmend auch in den Städten. Ob ein Fuchs in seinem Bau ist, erkennst du an herumliegenden Nahrungsresten und frischen Fußspuren.

Auf zur Grüffelo-Wald-Wanderung!

Start

Die Schlange versperrt dir den Weg. Plaudere eine Runde lang mit ihr. In der nächsten Runde darfst du dafür zweimal würfeln.

Der Fuchs lädt dich zu Götterspeise ein. Leider musst du weiter. Rücke zwei Felder vor.

Du musst über den Fluss balancieren. Gehe drei Felder zurück, um einen Baumstamm zu holen.

Lautes Flügelrauschen! Setze einmal aus, bis du weißt, wer auf dich zufliegt.

Der Grüffelo steht vor dir! Schau ihn dir in Ruhe an – eine Extrarunde lang.

Zum Spielen kannst du kleine Steine, Holztiere oder Spielfiguren verwenden.

Direkt vor dir flattert die Eule auf ihren Ast. Jetzt ist der Weg frei, also rücke drei Felder vor.

Im Grüffelo-Wald ist ganz schön was los! Außer dem Grüffelo streifen noch jede Menge andere Tiere umher. Schnapp dir einen Würfel, einige Mitspieler samt Spielfiguren, und schon geht's los! Wer erreicht zuerst die gemütliche Höhle?

Du knackst eine Nuss. Hinter dir knackt noch was anderes ... Spring zwei Felder zurück in ein sicheres Versteck.

Grüffelogrütze? O Graus! Der Grüffelo flieht schnell nach Haus. Würfle gleich noch einmal.

Ziel

Hurra, das Ziel ist erreicht! Jetzt kannst du dich in die Höhle verkrümeln!

Lösungen

Seite 5

Seite 10

Seite 11

Seite 17

Angst haben

Angst machen

Seite 22

Seite 23

Die Antworten sind:

- Eichhörnchen
- Libelle
- zwei

Seite 28

Seite 40

Seite 41